Hans-Jürgen Borchardt

PR – Warum es bei Kleinbetrieben selten funktioniert: Beispiele

Die falschen Versprechen und Anleitungen vieler Berater

GRIN Verlag

Bibliografische Information der Deutschen Nationalbibliothek:

Die Deutsche Bibliothek verzeichnet diese Publikation in der Deutschen National-
bibliografie; detaillierte bibliografische Daten sind im Internet über http://dnb.d-
nb.de/ abrufbar.

Impressum:

Copyright © 2010 GRIN Verlag, Open Publishing GmbH
Druck und Bindung: Books on Demand GmbH, Norderstedt Germany
ISBN: 978-3-640-76130-2

Dieses Buch bei GRIN:

http://www.grin.com/de/e-book/162212/pr-warum-es-bei-kleinbetrieben-selten-
funktioniert-beispiele

GRIN - Your knowledge has value

Der GRIN Verlag publiziert seit 1998 wissenschaftliche Arbeiten von Studenten, Hochschullehrern und anderen Akademikern als eBook und gedrucktes Buch. Die Verlagswebsite www.grin.com ist die ideale Plattform zur Veröffentlichung von Hausarbeiten, Abschlussarbeiten, wissenschaftlichen Aufsätzen, Dissertationen und Fachbüchern.

Besuchen Sie uns im Internet:

http://www.grin.com/

http://www.facebook.com/grincom

http://www.twitter.com/grin_com

PR – Warum es bei Kleinbetrieben selten funktioniert. Beispiele

Bücher, Seminare und Schulungen zum Thema Text, speziell für PR werden massenhaft angeboten. Die Versprechungen sind verlockend und wenn Sie ihnen erliegen, verlieren Sie Zeit und Geld, ohne es richtig zu merken.

Um Missverständnisse zu vermeiden, PR *kann* für jedes Unternehmen eine ungeheure Hilfe sein, wenn die Medien über den Betrieb, das Angebot und die Leistungen berichten. Aber: Um in die Medien zu kommen, muss man nicht texten können, sondern etwas besonders bieten.

Wie sieht die Wirklichkeit aus?
Jeder Redakteur, jeder Anzeigenvertreter kennt seine Macht, bzw. die Macht seiner Zeitung, seiner (Fach-)Zeitschrift, seines Anzeigenblattes, seines Kommunalnachrichten, seines regionalen Radios. Und die Mitarbeiter der Fernsehstudios werden sowieso mit PR-Nachrichten überhäuft. Jeden Tag landen -zig PR-Texte, -Einladungen und -Angebote auf den Schreibtischen der Redakteure. Um diese Informationsflut zu bewältigen, wird im Normalfall streng nach vorgegebenen Kriterien selektiert.

Selektionsmerkmale sind:
1. Ist die Nachricht neu?
2. Bietet die Nachricht unseren Informationsempfängern einen (relevanten) Nutzen?
3. Ist die Nachricht für unsere Informationsempfänger interessant?
4. Ist die Nachricht für uns exklusiv?
5. Welche Bedeutung hat das Unternehmen (der Einsender) für uns?
   5.1 politisch
   5.2 wirtschaftlich (Ist er Anzeigenkunde? Wie groß ist das Anzeigenvolumen?)

Prüfen Sie jetzt einmal –am besten sofort- welche Bedingungen Ihr Unternehmen erfüllt. Egal, wie schön oder interessant Sie etwas Allgemeines darstellen, es landet, kaum richtig angelesen unweigerlich direkt in den Papierkorb. Das ist die Praxis auch wenn Ihnen die Berater, Seminarleiter, Buchautoren oder Gurus etwas anderes erzählen. Oder glauben Sie wirklich, dass ein Redakteur über Sie berichtet, wenn Sie ihn mit Namen ansprechen, den Text mit einem Schlagwort beginnen oder es ihm per e-Mail oder CD zusenden, damit er weniger Arbeit hat?

Der Selbst-Test
Erinnern Sie sich und schauen Sie sich die Medien an. An wie viele Berichte über kleine Unternehmen können Sie sich erinnern bzw. haben Sie gelesen, gehört oder gesehen, ohne dass das mit einem Anzeigenauftrag in irgendeiner Weise gekoppelt war? PR-Berichte in Anzeigenblättern in Verbindung mit Anzeigen zu platzieren ist keine Kunst. Das kann jeder. Aber dafür müssen Sie kein Buch kaufen, ein Seminar besuchen oder einen Berater verpflichten, denn die Volontäre schreiben Ihnen den auch noch gratis. Und das oft besser als Sie, denn die haben das richtig gelernt.

Und wenn in einer Fachzeitschrift über Sie berichtet wird, ist das zwar schön, aber was bringt es Ihnen, außer dass Sie einen Teil Ihres Know-how offen gelegt haben? Ausnahme: Sie sind ein Zulieferbetrieb:

Die Normalität

Wer nichts Besonderes bietet, hat in den klassischen Medien keine Chance. Die Ausnahme bilden -wie bereits beschrieben- die Anzeigenblätter bzw. – zeitungen.

Wenn Sie oder Ihre Mitarbeiter/innen irgendeine besondere Leistung vorstellen können, wie z. B. eine Auszeichnung erhalten haben, das beste Meisterstück erstellt haben oder ein Jubiläum feiern, wird man wahrscheinlich kurz über Sie berichten. Das ist selbstverständlich gut aber lohnt kaum den Aufwand. Warum?
Wo liegt da der Nutzen, der Vorteil für den Leser, den möglichen Kunden?
Wenn ein Betrieb 25-jähriges feiert, oder eine Auszeichnung erhält, ist das zwar eine positive Aussage aber es generiert meistens wenig Nachfrage.
Und: Wie oft können Sie über derartige Ereignisse berichten?
Wahrscheinlich sehr, sehr selten. Das ist aber zu wenig, da stehen Aufwand und Erfolg in einem negativen Verhältnis.

Was also müssen Sie tun?

Sie müssen „den Spieß umdrehen". Machen Sie sich und Ihr Unternehmen so interessant, dass die Medien zu Ihnen kommen. Ich weiß, dass ist leicht gesagt aber nicht so einfach zu realisieren. Dennoch gibt es unendlich viele Beispiele, wo das hervorragend geklappt hat. Um das zu erreichen brauchen Sie keine Seminare, keine Berater und selten Bücher. Sie müssen nur über die drei unverzichtbaren **AAA** (**A**nders **A**ls Andere) nachdenken. Wie kann ich mein Unternehmen so darstellen, mein Angebot und meine Leistungen so ausbauen bzw. darstellen, dass ich mich von allen anderen unterscheide.

Wie schwer und wie einfach das manchmal sei kann zeigen die folgenden Beispiele:

- ❖ Ein Musikgeschäft in Detmold entwickelt sich seit Jahren besonders erfolgreich entgegen dem rückläufigen Trend in dieser Branche. Der Grund: Dieses Fachgeschäft entwickelte eine eigene 3-Preispolitik.

1. Wenn Musikgeräte etc. ohne jede Beratungs-, Service- und Garantieleistung gekauft werden, erhalten die Käufer 30% Nachlass.

2. Wenn ein Musikgerät im Geschäft ohne Beratung aber mit Garantie und mit Service gekauft wird, erhalten die Käufer 20% Nachlass.

3. Wird ein Musikgerät im Geschäft gekauft und der Käufer wünscht eine umfassende Beratung und alle dazu gehörigen Garantie- und Serviceleistungen, wird ihm ein Nachlass von 5% gewährt.

- ❖ In Dortmund waren in einer Wohngegend, in der vorwiegend Senioren wohnen, in einer Straße zwei Apotheken angesiedelt. Ein junger Apotheker, der in einer dieser beiden Apotheken arbeitete, erkannte auf Grund der Gespräche mit den Senioren, dass beide Apotheken ein Grundbedürfnis dieser Kunden nicht erfüllten. Er beschloss, in der gleichen Straße eine dritte Apotheke zu eröffnen. Jeder erklärte ihn für verrückt.

  Als er seine Apotheke eröffnete, hatte er für die Senioren eine Plauder- und Beratungsecke eingerichtet, die von einer jungen Apothekerin betreut wurde. Dort konnten die Senioren plaudern, sich beraten lassen oder sich auch mit anderen treffen. Mit diesem neuen Angebot erfüllte der Apotheker den Wunsch der alten Leute, die nicht nur als Käufer, sondern auch als Kunden gesehen werden wollten. In der neuen Apotheke hatte man ein Ohr für ihre Probleme und sie konnten darüber ausgiebig mit der jungen Apothekerin diskutieren.

- ❖ In Leipzig gibt es eine VW-, Audi- und Skodawerkstatt, die ihren Kunden einen "Unzufriedenheits-Rabatt" gewährt. Je nach Unzufriedenheit können sie den Betrag für die Arbeitsleistung ganz oder teilweise kürzen, ausgenommen sind die eingebauten Teile. Innerhalb des ersten Jahres hat das Unternehmen 8.000,00 EURO zurückgezahlt aber im gleichen Zeitraum wuchs die Zahl der Kunden um 20 %.

- ❖ Der Hamburger Werbekaufmann Marco Dürkop erhielt auf seine 120 gewöhnlichen Bewerbungen nur Absagen. Auch Inserate in Tageszeitungen brachten wenig Erfolg. Da entschied er sich für einen ungewöhnlichen Weg. An einer U-Bahn-Station ließ er ein neun Quadratmeter großes Bewerbungsprofil aufhängen. Der Text lautete: "Biete Hamburger, 34 Jahre. Suche: neue Herausforderung".

  Die 550,-- EURO teure Bewerbung war zwar nicht gerade billig, aber sie brachte den gewünschten Erfolg. Selbst aus der Schweiz erhielt der clevere Hamburger ein Angebot.

- ❖ In Kassel, in der Nähe des Bahnhofs Wilhelmshöhe, wurde vor vielen Jahren ein neues Hotel erbaut. Lange vor der Eröffnung überlegte man, was man tun könne um die Aufmerksamkeit der Medien auf sich lenken. Man entschloss sich auf der Spitze des Daches ein Bett zu montieren. Der Erfolg trat wie gewünscht ein. Die regionalen, nationalen und internationalen Medien berichteten über dieses Hotel.

Während das Beispiel 5 gezielt für eine Berichterstattung in den Medien entwickelt wurde, war das zunächst bei Beispielen 1 bis 4 nicht gedacht. Aber als die Medien davon erfuhren, kamen sie zu den Unternehmen und fragten, ob sie über die Idee, dass Geschäftsmodell berichten dürften.

Fazit
Wenn Sie mit Ihrer Firma nichts Außergewöhnliches zu bieten haben, sparen Sie sich Zeit und Mühe, denn die Medien werden nicht über

selbstverständliche Standardleistungen berichten, ausgenommen
Anzeigenblätter. Überlegen Sie also vorher sehr genau, ob sich Ihr Aufwand
lohnt.

Hans-Jürgen Borchardt
November 2010